# LAURA ARMANINI

# SALDO E STRALCIO IMMOBILIARE

## Come Diventare il N. 1 negli Stralci Immobiliari e Guadagnare Attraverso Operazioni Immobiliari Avanzate

Titolo

"SALDO E STRALCIO IMMOBILIARE"

Autore

Laura Armanini

Editore

Bruno Editore

Sito internet

http://www.brunoeditore.it

# Sommario

# Prefazione

In tutti questi anni in cui sto tenendo corsi sulla libertà finanziaria ho visto e incontrato migliaia di persone che vengono ai miei eventi, che entrano da quella porta ma poi escono e non prendono in mano la propria vita, non la cambiano, non la portano a un altro livello. Poi invece ci sono delle persone che entrano con un sorriso e in un qualche modo rimangono nella tua vita per sempre.

Questo è un po' il caso di Laura che è entrata al Wake up Call da "commercialista" ed è uscita "investitrice immobiliare" e da un po' di tempo abbiamo anche il piacere di averla in Abtg nel team Coach Real Estate a gestire l'area saldo e stralcio immobiliare.

Credo che non ci sia niente di più bello di vedere una persona che ha sempre voglia di fare, che ha sempre voglia di imparare, che ha sempre voglia di crescere. Ha preso delle informazioni, le ha fatte sue e le ha portate a un altro livello.

Quindi credo che questo libro sia la conferma del nuovo percorso e della passione di Laura di insegnare a tutti a svolgere questa incredibile attività che può avere un impatto positivo sulla vita di molti, così come ha avuto un impatto importante nella sua vita e sulla vita delle persone che le sono vicine.

Avrebbe potuto trascorrere il periodo di lockdown coricata su un divano a guardare Netflix, invece si è data una motivazione altruista senza risparmiarsi e ha scritto questo libro dimostrando che anche i momenti di difficoltà portano un'opportunità se decidi di coglierla.

Quindi sono grato per questa possibilità di scrivere la prefazione perché credo fortemente che poche cose come gli stralci immobiliari possano impattare e cambiare la vita delle persone in questo modo. Perciò inizialo, leggilo.

Io l'ho letto tutto d'un fiato in una mattina. Mi ha fatto venire una gran voglia di uscire, di ritornare fuori, di andare per strada e aiutare alcune famiglie a risolvere i problemi di debiti con lo stralcio immobiliare, così che possano poi ripartire da zero con le situazioni risolte e con un guadagno importante.

È una grande avventura: leggi questo libro come ho fatto io, tutto d'un fiato, e vedrai che smuoverà la voglia di imparare e di saperne di più di tutta l'esperienza che Laura ha voluto condividere con noi.

*Alfio Bardolla*

# Introduzione

Non avrei mai pensato di scrivere veramente un libro, anche se è stato da sempre un mio sogno.

Non avrei mai pensato di scrivere un libro che possa aiutare molte persone, tutte le persone che lo leggeranno e che decideranno di prendere in mano la propria vita per dare una svolta all'insegna della libertà finanziaria.

Non avrei mai pensato neppure di salire su un palco e raccontare alle persone cosa possono fare per migliorare la loro situazione finanziaria lavorando con gli immobili.

Non avrei mai pensato che i miei errori e i miei successi potessero essere di esempio ad altre persone e che potessero essere utilizzati come strumento di miglioramento.

Non avrei mai pensato di essere qui oggi insieme a te che hai deciso di entrare in questo mio "magico mondo". Sì, come lo hanno definito le mie più care amiche "il magico mondo dell'Armanini". Non so se è veramente magico, ma è il mio.

Ricco di determinazione e voglia di raggiugere gli obiettivi. Voglia di stare bene e di far star bene le persone che mi sono vicine. Queste cose ora fanno parte della mia vita e io ne sono molto felice e fiera.

Ricordati: "Quando l'allievo è pronto il maestro si presenta". Nulla di tutto ciò sarebbe stato possibile se nella mia vita non fosse comparso all'improvviso il mio mentore, Alfio Bardolla. Questo libro è con lui e per lui.

Questo libro riassume il percorso di cambiamento e di miglioramento che io sono riuscita a fare attraverso il mio impegno costante e il suo preziosissimo aiuto, per poter arrivare a guadagnare cifre importanti nel settore immobiliare. Somme di denaro che non avrei mai pensato di potermi meritare.

Questo libro ha la pretesa di impiantare un seme in te affinché tu decida di prendere in mano la tua vita per un tuo domani migliore.

Questo libro vuole farti riflettere sul fatto di avere un mentore, una guida, un sostegno che ti aiuti a vedere le cose da un nuovo punto di vista affinché tu possa cogliere la tua opportunità.

Ovvio che non vuole essere un manuale tecnico, sarebbe molto difficile e diventerebbe troppo lungo, per quello ti aspetto in aula, a uno dei corsi di Alfio Bardolla Training Group. Ai miei corsi di saldo e stralcio immobiliari che sono sempre aggiornati con le ultime normative civili e fiscali.

Questo libro vuole farti vedere delle nuove opportunità per crescere e per guadagnare. Perché nel settore immobiliare le opportunità ci sono tutti i giorni e sta a noi saperle cogliere. Se ce l'ho fatta io, puoi farcela tu e ogni altra persona. che con impegno e costanza decide di mettersi in gioco.

L'importante è che ciascuno faccia la sua parte: studiare, provare, studiare, riprovare, studiare, riprovare ancora.

Devi mettere in campo tutta la tua volontà, il coraggio, la motivazione e soprattutto la disciplina, una routine che ti consenta di rimanere sempre sul tuo focus.

Il saldo e stralcio immobiliare è semplice, ma non è facile. Poche competenze tecniche, precise, specifiche; tanta, tanta psicologia, un po' di intuito e un'immutabile perseveranza.

Cercherò in queste pagine di trasmetterti la mia esperienza: i miei errori e anche qualche successo. Si impara di più dagli errori, anche se fin da piccoli ci hanno insegnato ad amare le storie a lieto fine.

La storia, la tua storia, la storia di ciascuno in ogni ambito della vita è nella tua penna. Solo tu puoi decidere come scriverla, qui ti trasmetterò la mia esperienza, lo farò con il cuore.

L'idea di questo libro nasce in un momento di blocco mondiale dell'economia. Il "cigno nero" che a piccoli passi si è insinuato nell'economia di ogni paese e nella vita personale e lavorativa di ognuno di noi.

Questo evento di grande impatto, difficile da prevedere, porta una carica di destabilizzazione e paralisi generale.

Io, invece, ho pensato di dare un perché a ogni sorgere del sole anche se la mia quotidianità come quella dell'Italia intera e del mondo è stata stravolta in meno di 24 ore.

E come da sempre mi suggerisce Alfio, se hai un "perché molto forte il come non è mai un problema". Il mio perché è fortissimo e rumorosissimo: voglio poter essere utile al maggior numero di persone, voglio che tutti si rendano conto che c'è sempre un'opportunità per risorgere e farcela.

Avrei potuto decidere di stare a letto, uccidermi di serie tv tra patatine e coca cola. Invece ho dato un senso alle mie giornate per te che stai leggendo e per tutti quelli che leggeranno. E così, riesco a muovere le dita sulla tastiera con tanta naturalezza.

Se questo libro potrà ispirare anche solo una persona a provare sempre per avere un domani migliore per se stessa e per gli altri, io avrò raggiunto il mio scopo.

Nasco a Cremona, mi trasferisco a vivere a Modena poco dopo i miei primi vent'anni. Nei secondi venti trovo il compagno "giusto" e decidiamo di avere un bambino che oggi ha 12 anni.

Quando nel 2012 la zona del Modenese viene colpita da un forte terremoto, decido per la serenità familiare di trasferirmi a Milano dove già viveva per lavoro il mio compagno milanese doc. Questo è uno di quegli eventi che "se tu non decidi la vita decide per te".

Pur parlando sempre di trasferirmi definitivamente a vivere a Milano non riuscivo mai a prendere la decisione, non era mai il momento giusto, vivevo con una procrastinazione costante e la mia vita era sempre in un su e giù settimanale, tra Modena e Milano. Poi il terremoto, e in due ore decido ciò che non sono riuscita a determinare in tanti anni, prima.

La decisione più bella e positiva della mia vita. Milano è una città fantastica se vuoi metterti in gioco, vivere, lavorare, inventare, studiare. Il mio lavoro è di consulente fiscale e societario, la mia passione da sempre sono gli immobili.

Qui inizio a spostare il peso della mia attenzione sulla passione, e per un fortuito caso incontro Alfio (l'allieva era pronta).

Già conoscevo i suoi libri, avevo visto qualche video relativamente alla formazione nel settore immobiliare, ma ciò che fa scattare in me una nuova energia è l'incontro, il dialogo, i ragionamenti che mi portano ad abbandonare vecchie e limitanti credenze per aprirmi a delle possibilità di guadagno incredibili.

Qualche anno prima di conoscere Alfio, feci insieme al mio compagno l'errore più grossolano (ne ho fatti tanti, questo è quello che odio maggiormente) che potessimo fare.

Comprammo una meravigliosa villa di circa cinquecento metri quadrati, da ristrutturare, con diecimila metri quadrati di giardino, con il progetto di andarci a vivere, nella campagna modenese.

Ora ho male al cuore confessandovi che: pur avendola acquistata applicando la tecnica del saldo e stralcio, e con la convinzione, supportata anche dai numeri di quel momento, di aver fatto un affare, ci siamo caricati sulle spalle un mutuo importante e quella casa non abbiamo mai finito di ristrutturarla e non siamo mai andati a vivere in campagna. Al contrario, da diversi anni viviamo in centro a Milano molto felicemente.

Questo errore vorrei tanto che nessuno di voi lo facesse. Quando ero bambina vivevo in un paese della Bassa Cremonese, in una villa con giardino, progettata e costruita dal mio papà; anche se lui era bancario, aveva realizzato il sogno di costruire la casa esattamente come la desideravano lui e la mia mamma.

Io e mio fratello eravamo orgogliosissimi di questo. Infatti da bambini facevamo lunghe discussioni su chi dei due avrebbe vissuto negli anni a venire in quella casa.

La vita non sai mai che opportunità ti presenta infatti sia io sia mio fratello ce ne andammo a vivere in un'altra città poco dopo i vent'anni e, pur amando immensamente quella casa, negli anni si è rivelata sempre più inadatta anche ai miei genitori: troppo grande, troppo vuota, troppo lontana da un altro luogo dove loro preferivano vivere. Così, decidemmo di venderla.

Sono arrivata alla conclusione che acquistare la prima casa, acquistare la casa per viverci è l'errore più grande che si possa fare (ovviamente Alfio ha sempre ragione); per elaborare e giungere a questa nuova convinzione ho ricevuto un grande supporto da Alfio Bardolla, dai suoi insegnamenti e dai suoi libri. Ora le case le vedo come possibilità di guadagno, vivo in affitto.

La casa dove vivo deve seguire le mie stagioni di vita e la mia età: da single serve un appartamento "figo", comodo e poco dispersivo; da coppia bisogna poter trovare degli spazi di condivisione ma anche degli spazi dove ognuno possa stare solo con se stesso; quando arrivano dei figli, gli spazi non bastano mai.

Poi i figli crescono, trovano la loro strada e sono sempre più fuori casa, e gli spazi diventano troppo grandi per essere gestiti, per essere anche puliti. Così il ciclo riparte al contrario, la casa serve meno grande e dispersiva, poi si spera di non tornare ad essere soli. Quindi, in affitto è l'ideale: a ogni stagione della vita puoi trovare la tua casa perfetta.

Ora che sai tutto di me (o quasi tutto), ti racconterò perché faccio quello che faccio. Cioè, perché mi sono letteralmente innamorata dei saldi e stralci immobiliari. Perché è impossibile non innamorarsi di questa tecnica.

Vi racconto il mio stralcio più bello. È uno dei più recenti, e l'ho chiuso da coach con un cliente in Alfio Bardolla Training Group. Una grande soddisfazione in più. Andiamo per ordine.

Accolgo in coaching per un supporto in un'operazione di saldo e stralcio immobiliare Marcello (è il suo vero nome e te lo presento se vuoi), mi racconta la sua storia: per una serie di motivi familiari a lui assolutamente estranei (la madre ha contratto molti debiti), un giorno si vede recapitare un pignoramento sulla casa da parte della banca. La madre, alla quale lui dava il denaro per pagare le rate di mutuo, non aveva mai pagato.

Marcello entra in un incubo economico e psicologico: apprende della situazione finanziaria ormai al tracollo e a essa segue un tracollo psicologico personale. Per circa 10 anni tiene la testa sotto la sabbia e tampona i debiti man mano che gli si presentano davanti.

La casa, la sua casa, viene battuta in asta più volte, fortunatamente senza alcuna aggiudicazione.

Poi partecipa al suo primo Wake Up Call, legge i libri di Alfio, inizia a prendere parte a corsi specifici sugli investimenti immobiliari e vede che forse una possibilità per salvarsi c'è.

Diventa sempre più consapevole dell'esistenza di tecniche e procedure che potrebbero aiutarlo concretamente, però non è ancora in grado di individuare la sua opportunità.

Poi, partecipa al corso di saldo e stralcio immobiliare e ci conosciamo. Decide di farsi aiutare, e decide di vedere non solo con il cuore, ma anche con gli occhi e la pragmaticità dei numeri.

Lui è sicuramente il cliente più difficile, l'esecutato che sta perdendo la casa. La lucidità mentale offuscata dalla paura, dall'incognita di un baratro senza fine.

Parliamo, parliamo a lungo, e insieme individuiamo un paio di strade percorribili. Opta per la più difficile ma anche la più veloce.

Formula una prima proposta di saldo e stralcio alla banca, la leggo, gliela boccio. La deve riscrivere.

Alla sesta volta ci siamo, è riuscito a scrivere senza l'emotività pessimistica di chi pensa di non riuscire a farcela. Invia la proposta di stralcio alla banca con il fiato sospeso.

Il mio lavoro più grande: tenere Marcello concentrato sul fatto che è possibile e ce la faremo insieme. La banca non accetta immediatamente e si instaura comunque una trattativa con un dialogo costruttivo.

Contemporaneamente decidiamo di mettere annunci di vendita della casa su ogni sito e presso ogni agenzia immobiliare del paese ove è situata l'abitazione di Marcello.

Marcello inizia a ricevere molte chiamate da persone interessate all'acquisto: eh sì, il prezzo al quale la vende è veramente molto interessante e decisamente sotto la media di tutte le altre case in vendita nella stessa zona e di dimensioni simili.

Inizia a mostrare l'immobile a possibili acquirenti. La banca finalmente accetta la proposta: è disposta a chiudere un debito dell'importo di 197.580 euro per la somma di 56.000 euro. Wow, fantastico. Il primo passo è fatto.

Riceve un paio di proposte di acquisto: le analizziamo e sceglie l'acquirente che ha le caratteristiche più convincenti in fatto di serietà e affidabilità sia personale sia finanziaria. La proposta di acquisto è di 110.000 euro. Direi ottimo.

Marcello esce da una situazione di debito di oltre 190.000 euro e gestendo in modo corretto, etico e professionale la sua situazione riesce a guadagnare la somma di ben 54.000 euro.

Con le competenze acquisite e attraverso il sostegno dei coaching che sono riuscita a mettergli a disposizione, grazie anche a un suo straordinario impegno, la sua costanza e determinazione è riuscito a ribaltare la sua situazione finanziaria.

In questa occasione ho restituito attraverso il sostegno e l'aiuto a Marcello la mia gratitudine per ciò che faccio e che sono oggi. La sua vita non sarà mai più la stessa. E io sono orgogliosa di lui.

Ora capisci perché ci sono tutti i presupposti per stare con me fino alla fine di questo libro? "Immensamente grata a chi mi ha dato la possibilità di migliorare la mia vita e immensamente grata di dare il mio contributo a te che hai deciso di migliorare la tua vita".

# Capitolo 1:
# L'importanza dell'etica

Le nostre azioni creano energia e in modo differente a seconda di come pensiamo e come ci comportiamo otteniamo risultati. Le operazioni di saldo e stralcio immobiliare possono creare una grande energia positiva in quanto hanno alla base il significato più profondo di aiutare le persone, le famiglie in difficoltà.

Sì, ok, so a cosa stai pensando e ti rispondo subito. I dubbi è meglio dissiparli fin dall'inizio. Io, tu, facendo un'operazione di saldo e stralcio guadagniamo molto molto bene e quindi pensi che stai guadagnando sulla pelle di qualcun altro.

Ovvio, ti hanno insegnato che i soldi sono cattivi e questa povera gente sta perdendo la casa e tu le dai il colpo di grazia. Stai pensando questo, lo so.

Ti confesso che all'inizio, quando ho mosso i primi passi in questo ambito, ho avuto anch'io per un attimo questo pensiero. Poi però, ragionando con il mio mentore, ho messo le cose al proprio posto.

Se una persona, una famiglia, si ritrova con la casa in asta vuol dire che c'è un motivo sottostante: non ha ottemperato alle obbligazioni assunte e nel maggior numero dei casi non ha pagato il mutuo. Questa è una delle motivazioni. Io direi la ragione principale.

Quindi, se tu non ottemperi a un'obbligazione sottoscritta, cioè non rispetti l'impegno preso, devi poi assumertene tutte le conseguenze.

La prima e principale conseguenza è che la banca procede nei confronti del debitore come la legge consente al recupero delle somme attraverso l'intimazione di pagamento e successivamente con l'atto di precetto ottiene un pignoramento e può mettere la casa in asta.

Quindi queste persone per i motivi più diversi non hanno pagato il mutuo della casa o in altre ipotesi hanno contratto debiti per i quali si sono viste pignorare l'immobile o gli immobili di proprietà.

Come vedi da subito, chi non ha rispettato un impegno preso è di certo l'esecutato. Cioè alla base c'è un comportamento sbagliato e non coerente con un impegno preso da parte del debitore nei confronti del creditore.

Partendo da questo dato, noi diventiamo angeli per qualcuno che non ha mantenuto un impegno di restituzione del debito assunto. Voglio e desidero che rimani anche tu assolutamente estraneo alle motivazioni di tali comportamenti, nessun coinvolgimento e nessun giudizio.

Dobbiamo solo avere comprensione e porre molta attenzione rispetto alla storia che ci raccontano, alla loro storia. Infatti, dietro questa scelta di non pagare i debiti a volte ci sono storie veramente difficili e complicate.

Ci sono famiglie che sono costrette a scegliere se pagare la rata del mutuo o dar da mangiare ai propri figli. Ci sono poi gli ingenui e gli illusi. Le persone dalle grandi speranze che non hanno però tanta dimestichezza con la calcolatrice, che vivono nel loro mondo, dove i numeri sono un'opzione non prevista e che quindi il mutuo diventa difficile da affrontare nella gestione della quotidianità.

Ovviamente ci sono i furbetti e i delinquenti, quelli che lo fanno per scuola. Quelli che sono entrati nel sistema per approfittarne finché si può. Ecco, io questi personaggi non li aiuto.

Questi personaggi cerco di tenerli a distanza. Sono la categoria peggiore, inaffidabile e pericolosa. Per fortuna sono veramente pochi e si riconoscono al primo sguardo.

Le famiglie, i fantasiosi, le persone che, lo capisco, si sono trovate loro malgrado nell'impossibilità di gestire un debito enorme, ecco queste sono le persone che voglio aiutare. Mi sono spiegata ora?

Dobbiamo andare ad aiutare persone oneste, come noi. Persone che hanno sbagliato, sì, ma che hanno voglia e bisogno di ricominciare una nuova vita. Hanno la necessità di tornare a volare senza il fardello dei debiti.

Eh sì, perché è vero che la banca nel nostro esempio più classico manda in asta la casa per coprire il debito, ma è altrettanto vero che se da tale vendita il debito non viene chiuso il nostro esecutato si porterà dietro per tutta la vita l'errore fatto.

La banca lo rincorrerà in ogni lavoro, pignorando lo stipendio, pignorando il conto corrente fino a completa estinzione del debito.

Quindi, puoi ben capire che tornare a vivere in modo sereno e dignitoso diventa molto difficile e può comportare tempi molto lunghi.

Quindi noi interveniamo e lo aiutiamo. Sei ancora lì che pensi: "però noi guadagniamo dei soldi aiutandolo". Certo che guadagniamo dei soldi, e più saremo bravi e più guadagneremo e più aiuteremo persone.

Allora, è giusto che il nostro tempo, il nostro impegno, la nostra preparazione vengano pagati. Non siamo un ente di beneficenza. Lavorare e guadagnare in modo etico vuol dire essere onesti e trasparenti.

Significa fare i nostri interessi con la mentalità che tutti devono uscire vincenti dall'operazione. Vuol dire acquisire tutte le competenze affinché il nostro lavoro porti beneficio anche a chi non vedeva la luce in fondo al tunnel. Vuol dire trovare la soluzione a un problema che prima di voi sembrava inaffrontabile.

Vuol dire ridare una nuova vita a chi pensava di non averla più. Certo, con il saldo e stralcio immobiliare, il vostro cliente-esecutato uscirà dall'operazione senza alcun debito.

Potrà dopo qualche tempo, solitamente un paio di anni, accedere nuovamente al credito bancario e finanziario in genere. Potrà serenamente gestire un conto corrente senza il timore di un eventuale pignoramento. Potrà tornare di nuovo a sognare in grande, con la speranza di non cadere più in errore.

Quindi, ora capisci che è una cosa corretta che la nostra preparazione venga giustamente retribuita? Noi diventiamo l'ancora di salvezza per queste persone.

Dall'altra parte abbiamo i creditori, anch'essi beneficeranno di una chiusura a saldo e stralcio, anche se l'importo che andranno a percepire nell'immediato potrà apparire molto più basso rispetto all'importo del credito vantato.

Certo, andranno a bloccare tutti i costi sottostanti l'instaurazione di una procedura, andranno ad attualizzare un incasso che probabilmente non andrà a soddisfare per l'intero il credito e che sarà nella migliore delle ipotesi dopo almeno un paio di anni dalla data dell'asta.

Il nostro approccio deve essere sulla completa trasparenza del nostro operato di mettere in campo tutte le nostre risorse e di lavorare affinché si possa portare a casa il miglior risultato per tutte le parti coinvolte, anche per il creditore.

Noi dobbiamo operare con professionalità e dobbiamo scendere in campo da giocatori di serie A: allenati, preparati con in tasca tutte le possibili opzioni. Ricordati: c'è sempre un'opzione, c'è sempre la possibilità di scegliere.

Voglio raccontarti una storiella molto carina che ti farà capire immediatamente qual è il nostro ruolo.

"Un giorno c'era una nave che doveva salpare. Il capitano chiese ai macchinisti il motivo per cui, malgrado gli ordini, non avviassero i motori. Questi risposero che non comprendevano il motivo e stavano tentando da ore qualsiasi possibilità. Nulla, i motori rimanevano spenti.

Al secondo giorno il capitano esasperato, in quanto non stava rispettando gli impegni presi, dovendo salpare dal porto il prima possibile, chiese nella città chi fosse il maggior esperto di questi motori. Gli indicarono un vecchietto, lupo di mare grande conoscitore di motori.

Il capitano, dopo averlo convocato, gli diede l'incarico di riavviare i motori al più presto. Il vecchietto, con la sua cassetta degli attrezzi in mano, fece un giro nell'area motori e parlò a lungo con i macchinisti. Prese alcuni attrezzi dalla sua cassetta, si avvicinò a un quadro di comando, diede due martellate e girò una vite. Chiese ai macchinisti di avviare i motori, e nello stupore di tutti questi partirono.

Il vecchietto, quindi, andò dal capitano per incassare il suo compenso. Il capitano allibito disse: 'un milione di euro per aver dato due martellate e girato una vite? Mi sembra troppo'. Il vecchietto con pragmaticità rispose: 'Lei ha perfettamente ragione; infatti, se guarda la fattura, per aver dato due martellate e aver girato la vite il compenso è di 1 euro, 999.000 euro sono dovuti al fatto di aver saputo dove dare le martellate e quale vite girare'".

Noi dobbiamo essere come questo vecchietto, aiutare e guadagnare con etica, sapendo che "la nave deve partire".

## RIEPILOGO DEL CAPITOLO 1:

- SEGRETO n. 1: studiare e prepararsi nel modo migliore per poter dare sempre il meglio di noi.

- SEGRETO n. 2: guadagnare in modo etico è il miglior modo per guadagnare sempre.

- SEGRETO n. 3: sapere quale vite girare permetterà di essere sempre un passo avanti.

# Capitolo 2:
# Cos'è il saldo e stralcio immobiliare

Questa domanda credo che oramai ti stia ronzando in testa da un po'. Quindi è arrivato il momento di entrare in alcune dinamiche essenzialmente tecniche.

Proposta di "saldo e stralcio". Con questa locuzione si intende, genericamente, un'offerta transattiva, ossia un accordo che definisce, in via bonaria, la vertenza tra creditore e debitore, sostituendo al precedente debito uno in misura ridotta (ma il cui pagamento si dà per certo).

In buona sostanza, a fronte della rinuncia delle azioni esecutive da parte del creditore (precetto e pignoramento), il debitore si impegna a versare (di norma immediatamente) una somma più bassa accettata dal creditore; versata tale cifra, il debitore è libero da ogni impegno.

Quando una persona acquista un immobile, se non dispone della somma necessaria per il pagamento del prezzo, si fa aiutare da un istituto di credito che a fronte del prestito della somma richiede una restituzione rateale maggiorata degli interessi, e quale garanzia di restituzione trascrive un'ipoteca sull'immobile.

Nel caso più comune e classico, nel momento in cui il debitore (ovvero l'acquirente dell'immobile) non riesce a far fronte al pagamento delle rate alla banca che gli ha erogato il mutuo (così si chiama la somma ricevuta per pagare la casa), quest'ultima può avviare una serie di attività volte al recupero di quanto spettante.

Cosa significa? Il creditore, cioè la banca, dopo aver tentato un recupero bonario e stragiudiziale del proprio credito procede attivando procedura legale esecutiva che consiste in un precetto nel quale viene intimato al debitore di saldare in tempi ristretti la somma relativa al debito contratto.

Se il debitore non paga o non trova un accordo di rateizzazione con la banca, questa procede ulteriormente con un pignoramento, atto legale che permette alla creditrice di portare la vendita coattiva dell'immobile su cui è stata trascritta l'ipoteca. E così si arriva alla procedura dell'asta.

Quindi, in estrema sintesi, stralciare un immobile significa interrompere una procedura di esecuzione forzata dell'immobile. Questa è la spiegazione nel suo aspetto essenziale e tecnico.

Noi però vogliamo diventare investitori immobiliari e specialisti nel saldo e stralcio immobiliare, quindi dobbiamo andare a capire bene il meccanismo e organizzarci al meglio per entrare nell'ingranaggio e trovare operazioni che siano in sintonia con una serie di parametri affinché possiamo considerarla una opportunità.

Per poter chiudere uno stralcio immobiliare abbiamo bisogno di parti del sistema: dobbiamo cercare un immobile interessante e appetibile da un punto di vista economico, che abbia una procedura in essere; dobbiamo ricevere la fiducia del proprietario, oramai esecutato; dobbiamo trovare un accordo con i creditori affinché noi possiamo acquistare l'immobile con un forte sconto.

Il nostro operato, quando svolto bene, porta una situazione win-win-win per tutte le parti coinvolte in quanto: noi guadagniamo, il debitore verrà liberato da ogni catena legata al "marchio" di essere un cattivo pagatore, la banca otterrà la chiusura di una posizione pendente in tempi più rapidi rispetto alla procedura legale rinunciando a una parte di importo spettante.

Noi guadagneremo con la vendita dell'immobile acquistato a un prezzo estremamente vantaggioso, oppure potremo fare un'operazione senza soldi.

Eh sì, questa è la vera chicca dello stralcio. Poter lavorare senza impegnare i nostri soldi. È possibile? Sì. È facile? No.

Seguimi fino in fondo e scoprirai alcuni segreti che ti renderanno più semplice comprendere queste tecniche di guadagno. Ovvio che più il gioco si fa duro e più i duri iniziano a giocare.

Le tue competenze devono aumentare in proporzione alle difficoltà che vuoi abbattere e alla professionalità che vuoi acquisire.

Parliamoci chiaro: se le cose le sanno fare tutti hanno un valore specifico basso.

Conoscere la teoria di come si fa un saldo e stralcio non ti darà mai la garanzia di portare a termine tutte le operazioni che approccerai. Ci sono talmente tante variabili nel confezionare e chiudere un saldo e stralcio che spesso bloccano, interrompono o estinguono l'attività che si sta facendo.

Però lo stralcio è una procedura molto ambita in quanto non devi cercare l'affare: non hai bisogno delle segnalazioni di venditori super motivati, non devi pesare a formulare offerte creative a possibili "don't wanters", non devi, come nella speculazione del mercato libero, inventarti giri pindarici di ricerche impossibili.

Un immobile da stralciare lo trovi facilmente pubblicato sui principali siti di aste immobiliari o del tribunale della tua città. L'unico svantaggio che ha questa operatività è quello di non riuscire a chiudere l'operazione. Ma, comunque, non porterà mai un danno economico: avremo "perso" un po' del nostro tempo.

Perché ho messo tra virgolette "perso": sono convinta che non si perda mai tempo. Se anche non riusciamo a chiudere lo stralcio, ma abbiamo lavorato con etica e trasparenza e abbiamo messo sul piatto tutta la nostra professionalità, avremo seminato comunque ottime relazioni sia con l'esecutato sia con tutte le altre parti coinvolte che ci porteranno a una reputazione positiva con gli operatori del settore.

Quindi o vinci o impari. Prima di affilare le unghie e passare all'operatività vorrei fossero molto chiari per tutti i vantaggi economici ed etici di questa meravigliosa attività.

Vantaggi per me (noi): in primis nessuna concorrenza durante la trattativa. La possibilità di prendere l'immobile prima dell'asta a un prezzo deciso e valutato da me e sostenuto dal mio business plan, evitando offerte di rilancio al rialzo come previsto nelle aste.

Un margine di guadagno minimo del 30% per ogni affare concluso. Possibilità di operare con capitali di terzi e quindi guadagnare senza investire denaro.

Per l'esecutato/debitore il vantaggio principale è il completo esdebitamento e la conseguente cancellazione dai vari registri di cattivo pagatore e la possibilità di poter accedere nuovamente al credito bancario dopo qualche anno.

L'opportunità di chiudere una situazione emotivamente ed economicamente pesante in modo dignitoso ed etico.

Per l'Istituto bancario i vantaggi sono: la chiusura immediata della posizione e l'annullamento del rischio di una procedura lunga molti anni nel caso di asta deserta, nonché del rischio di eventuali ribassi di prezzo nelle eventuali aste successive. Il risparmio di tempo e l'incasso di una somma inferiore ma immediata.

Quindi, ora che hai capito perfettamente in cosa consiste il saldo e stralcio e quali sono i pregi e difetti (pochi) di questa operatività, andiamo ad armarci: andiamo a prendere gli strumenti che ci serviranno per diventare i migliori.

## RIEPILOGO DEL CAPITOLO 2:

- SEGRETO n. 1: vantaggio per te: operazione di guadagno.

- SEGRETO n. 2: vantaggio per l'esecutato: estingue completamente i suoi debiti e può accedere nuovamente al credito.

- SEGRETO n. 3: vantaggio per i creditori: incasso immediato di una somma anche inferiore.

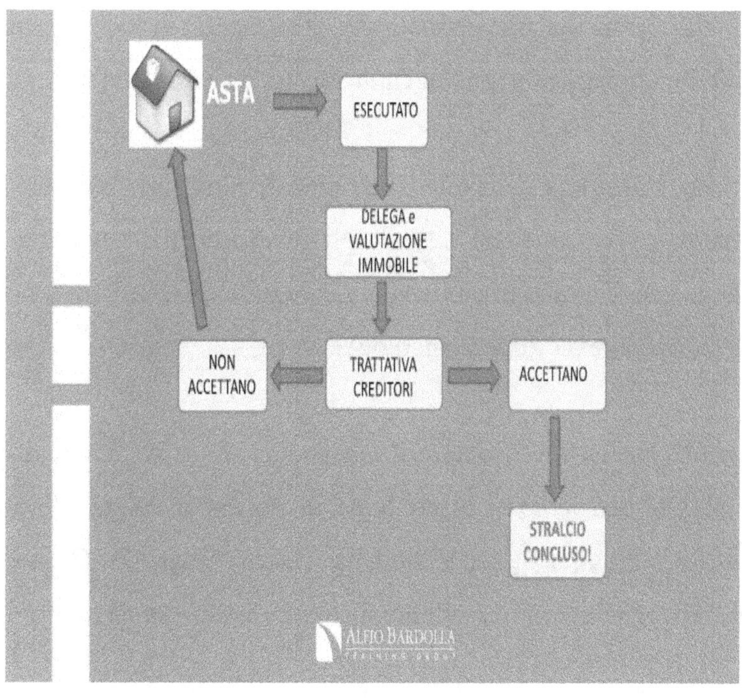

# Capitolo 3:
# I segreti per un'azione vincente

"Che tu creda di farcela o di non farcela, avrai comunque ragione" (Henry Ford).

Quindi, prima di partire con gli step operativi del prossimo capitolo, abbiamo bisogno di capire cosa pensiamo di noi stessi.

Un po' di yoga mentale, un piccolo viaggio interiore di preparazione. Come già detto negli investimenti immobiliari in genere e negli stralci in modo veramente più evidente e importante, il 20% è tecnica, l'80% è psicologia.

Pertanto, prima di affrontare il tecnicismo, focalizziamoci su noi stessi. Chi pensiamo di essere, cosa pensiamo di volere. Volontà. Curiosità. E come si dice a Modena: essere "bragheri". Cosa vuol dire? Bisogna trovare la volontà di entrare nella vita degli altri con uno spirito di problem solving e soprattutto con umiltà e senza giudizio.

Bisogna avere un "perché" forte, che vada oltre ogni circostanza (un po' come il mio per scrivere questo libro), una forte determinazione ad aiutare altre persone, a guadagnare somme che non avete mai guadagnato e anche a imparare.

Se diventi consapevole delle tue credenze potrai capire da subito quale sarà il tuo comportamento.

Ti faccio un esempio: se tu non credi di poter guadagnare trentamila euro in una sola operazione e magari in un tempo di tre o quattro mesi, ti assicuro che non riuscirai mai a chiudere un'operazione.

Il primo pensiero che devi coltivare è che sia possibile e che tu hai tutte le risorse dentro di te per poterlo fare, o in alternativa, se non hai le risorse, sai dove andare ad attingerle. Il tuo mentore. Eh sì, questo è il valore aggiunto.

La mia più grossa operazione immobiliare ha portato un guadagno di oltre trecentomila euro e l'ho fatta senza soldi, con una paura terribile di sbagliare, ma con un supporto straordinario di Alfio. L'operazione è durata circa 8 mesi: la banca si è presa 4 mesi per deliberare ed essendo molto complessa ogni tanto ero assalita dallo scoramento di non riuscire a portarla fino in fondo.

Ricordo che Bardolla mi ha ricevuto più volte a casa sua alle sette del mattino, e io ero puntualissima. Ogni volta gli ripetevo la procedura messa in campo, lui mi faceva i disegni dei vari passaggi tecnici, mi sosteneva e mi faceva guardare l'operazione da altri punti di vista.

La banca mi chiamò un mattino alle tre, sì per me era notte in quanto mi trovavo a Los Angeles e per il fuso orario dormivo con un occhio aperto in attesa di quella telefonata. Ho pianto dalla gioia mentre guardavo l'oceano alle prime luci dell'alba. Emozione indimenticabile, come l'assegno circolare che un mese dopo ho depositato sul mio conto corrente.

Il mentore è fondamentale per la crescita anche economica, ti permette di fare un salto quantico che difficilmente da soli si riesce a compiere in tempi brevi.

Avere fiducia in se stessi sarà l'arma vincente affinché anche gli altri percepiscano di poter riporre in te la loro fiducia. Per avere fiducia in noi stessi dobbiamo essere credibili ai nostri occhi: il nostro pensare, il nostro agire deve essere coerente e mai in antitesi.

Un rapporto leale con noi stessi ci darà la possibilità di creare un rapporto di successo con chi andremo a relazionarci. Acquisire una buona capacità a comunicare in modo convincente e soprattutto coerente è fondamentale.

Il linguaggio del corpo e paraverbale sarà soprattutto con persone che non ti conoscono e questo è il tuo primo biglietto da visita. Ancora prima delle parole. Questo mondo della comunicazione, della Pnl (Programmazione neurolinguistica) mi affascina da sempre e ti consiglio di dargli una sbirciatina.

Ci sono tante pubblicazioni e anche qui in Giacomo Bruno Editore puoi trovare diverse soluzioni per acquisire piccole nuove strategie per avere un modo di dialogare molto più coinvolgente e convincente.

Un altro aspetto che dovrai migliorare e implementare è la tua capacità di negoziazione: caratteristica indispensabile per poter trattare e pagare il meno possibile i creditori.

Cosa vuol dire imparare a negoziare? Vuol dire capire quali sono le necessità di chi abbiamo difronte, vuol dire entrare in empatia, vuol dire riuscire a elaborare soluzioni o più soluzioni che possano rendere vincenti tutte le parti coinvolte nella trattativa.

Qui, te lo dico, devi studiare un pochino. Io ti consiglio di leggere alcuni libri specifici sulla negoziazione. Soprattutto se ti blocchi nel momento in cui qualcuno di fronte a te non concorda con le tue affermazioni. Oppure se sei impaziente di chiudere velocemente una trattativa.

All'uopo, ti racconto un mio aneddoto personale. Ero molto giovane e stavo acquistando sul mercato libero la mia prima casa. Si trattava di un bilocale in un residence per lo più di seconde case e soggetto a un interesse stagionale. Io iniziai la trattativa a fine estate facendo al costruttore una proposta veramente interessante per me e al di sotto del 35% del prezzo di vendita. Il costruttore rifiutò la mia proposta per quattro mesi ogni sabato.

Esatto, io mi presentavo in ufficio da lui ogni sabato mattina prima di andare a pranzo, con il mio libretto di assegni dicendo che ero pronta a firmare, ovviamente alla cifra da me proposta. Il costruttore forse colto da un suo momento di necessità dopo più di quattro mesi decise di chiudere la trattativa e così uscì anche lui soddisfatto da tale operazione.

Io non mi sono mai scoraggiata davanti ai suoi no. Ho sempre rispettato le sue obiezioni e lui ha apprezzato la mia caparbietà e la voglia di non mollare e di crederci così tanto che quella casa sarebbe diventata mia.

Negoziare vuol dire anche avere pazienza, vuol dire anche creare il piano A, poi il piano B, poi il piano C e altri se serve. Vuol dire crederci e tentare, soprattutto ricordare che i "no" che si possono ricevere non sono mai rifiuti personali, bensì sono rifiuti rivolti alle nostre proposte.

Pertanto dobbiamo sempre tenere a mente chi siamo – che non è mai messo in discussione da nessuno – e cosa stiamo facendo. Ciò che chiediamo può non piacere alla nostra controparte, ne ha tutto il diritto di ribattere, noi dobbiamo essere pronti e non farci mai trovare impreparati.

Questi strumenti fanno parte anche della crescita personale e ti assicuro che più crescerai spiritualmente e consapevolmente più il mondo intorno a te sarà leggibile.

Più aumenterà la tua gratitudine per la vita, il rispetto per gli altri e per la natura, più ti vedrai una persona migliore, e anche gli altri ti riconosceranno come tale.

Spero di averti fatto innamorare anche di questo percorso che sarà utilissimo per chiudere trattative vincenti. Per affrontare con competenza questo mondo devi necessariamente conoscere i termini tecnici legati alla realtà delle aste immobiliari.

Quindi è necessario approfondire l'argomento aste immobiliari. Cosa sono, come si svolgono, chi sono le parti coinvolte. Ti basterà seguire un corso, leggerti un manuale. L'importante è che le basi ti siano note.

Certo, il mercato immobiliare della zona o della città nella quale deciderai di andare a operare dovrai conoscerlo al meglio. Più avrai dimestichezza con la situazione di mercato più saprai muovervi con velocità e risolutezza.

Quindi devi creare il tuo piano d'azione. Più sarai strutturato nella preparazione, più riuscirai a gestire le operazioni.

Cosa ti sto dicendo? Di studiare. Studia molto, leggi tutto quello che trovi su questi argomenti, credimi, lo continuo a fare anch'io.

C'è sempre qualcosa di utile da imparare. E infine hai bisogno di creare un team di lavoro.

Una squadra di professionisti preparati che possano affiancarti in ogni operazione e supportarti soprattutto nei momenti di emergenza o se devi affrontare un imprevisto.

Sempre dall'album della mia esperienza personale, riguardo all'operazione di cui ti ho accennato sopra, la sera prima dell'atto mi chiama il notaio e mi dice che la mattina successiva sarebbe stato necessario che l'esecutato si presentasse all'atto con l'avvocato al fine di velocizzare la procedura.

Senza titubanza, ho chiamato il mio avvocato Valentina, che la mattina successiva, era in atto a risolvere e velocizzare la procedura di rinuncia agli atti.

Le figure principali con le quali ti suggerisco di creare una relazione di fiducia sono sicuramente un avvocato che sia competente nella materia immobiliare. Un divorzista o penalista non ti serve. La competenza tecnica deve essere sempre quella immobiliare.

Nel tuo team altro elemento essenziale è il notaio. Una volta individuato e scelto dovrà occuparsi sempre delle tue vendite e dei tuoi acquisti. I vantaggi che puoi ottenere in questo modo sono parecchi e il primo fra tutti sicuramente quello economico.

Molti atti ti permetteranno di spuntare tariffe agevolate e una consulenza fruibile in tempi veloci. Ovviamente il commercialista non deve essere un calamaro. Il commercialista che conosce l'operatività immobiliare ti permetterà di risparmiare moltissimo denaro, perché con lungimiranza saprà farti operare con gli strumenti idonei in ogni tipo di operazione.

Naturalmente un tecnico geometra o architetto che conosce perfettamente la città nella quale operi. Magari ha dimestichezza con le pratiche comunali e riesce a ottimizzarti i tempi di valutazione o pratiche di fattibilità.

Gli artigiani e le imprese edili: prima di trovare la squadra giusta dovrai cercare e macinare un numero infinito di preventivi. Confrontare e valutare moltissime proposte. Sicuramente sarà un lavoro duro, ma quando avrai la squadra giusta ottimizzerai ulteriormente i tuoi margini.

Per avere preventivi paragonabili, io soprattutto all'inizio sceglievo quello più dettagliato che ricevevo, e poi lo trasmettevo a più imprese al fine di avere dati molto simili.

Oppure, se l'intervento richiede un impegno notevole, parto dal computo metrico dell'architetto. L'importante poi, una volta scelte le imprese, è ricordarsi di blindarle in modo tale che il consuntivo rimanga uguale al preventivo o più basso, mai più alto.

Lo so, lo sappiamo tutti che fare questo è molto difficile, ti assicuro che con la contrattualistica giusta e soprattutto con un po' di impegno all'inizio si riesce a gestire. Il titolare di un'impresa edile qualche tempo fa mi disse davanti a un'osservazione di un lavoro secondo me non svolto a regola d'arte che l'attività edile è una scienza imprecisa, non è come la matematica.

Io risposi che o lo faceva diventare un lavoro preciso oppure il mio denaro sarebbe diventato una scienza imprecisa e non avrebbe saldato le sue fatture. Quindi attenzione, avendo io blindato il preventivo potevo discutere quanto volevo, tant'è che ha rimesso mano al lavoro e lo ha fatto meglio.

Una figura che può ottimizzare enormemente i tempi di vendita di un immobile è l'home-stager. Con qualche accorgimento molto professionale di presentazione dell'immobile, che sia un rendering o un arredo provvisorio, questi professionisti possono fare la differenza nella chiusura della vendita della casa.

Dulcis in fundo: l'agente immobiliare. Qui ti giochi molto del mercato immobiliare. Ti assicuro che ce ne sono molti in giro, veramente etici e professionali ne ho trovati pochi e per poco tempo.

Mi spiego meglio: alla prima operazione ti sostengono, poi spesso scatta l'invidia per i margini che vedono, malgrado io suggerisca sempre di riconoscergli compensi anche superiori a quelli richiesti spronandoli a dare il loro meglio.

Qui è consigliabile trovarne diversi: non affidarti a un unico agente immobiliare, cercane vari, magari specializzati su target di clientela e di mercato diversificato. In alcune situazioni possono fare la differenza nella chiusura o meno di un'operazione. Quindi circondati di agenzie e agenti, poiché soprattutto all'inizio avrai un grande tourn-over.

Ora che hai il giusto stato d'animo, hai acquisito la consapevolezza psicologica per agire correttamente e hai creato il team di lavoro, devi dare vita alla tua modulistica di base.

Anche non volendo, qui il piede sull'acceleratore te lo fa schiacciare il corso di Abtg. La modulistica che ti forniamo al corso è super collaudata e pronta per l'uso. Nulla ti vieta comunque di creare la tua con il tuo team di lavoro. Ovviamente, le tempistiche saranno leggermente dilatate ma nulla è impossibile.

Noi ti diamo la corsia preferenziale per essere operativo da subito. A questo punto hai veramente tutto ciò che ti serve per uscire a conquistare il mondo. Possiedi gli strumenti. Non ti resta che passare all'azione e trovare la tua prima operazione di saldo e stralcio immobiliare.

## RIEPILOGO DEL CAPITOLO 3:

- SEGRETO n. 1: curiosità, pazienza e mentalità positiva.
- SEGRETO n. 2: comunicare, comunicare, comunicare.
- SEGRETO n. 3: creare il tuo team vincente.

# Capitolo 4:
# Cosa sono Roi e business plan

Prima di agire è necessario che tu conosca l'esistenza di questi due elementi: tanto importanti quanto ostici. Eh sì, loro sono gli unici che potranno decidere se le nostre operazioni sono buone oppure sono da buttare via.

"Business plan is the king!". "Roi is the king!". Già queste due affermazioni possono farti capire che sono imprescindibili.

Va bene, ora ti spiego cos'è il Roi; è bene che tu lo conosca alla perfezione perché se dovremo lavorare insieme sarà importante averlo sempre a mente. Facciamo, quindi, questa parentesi sul Roi e poi torniamo al nostro business plan.

Il Roi è un acronimo di "Return on investment" che vuol dire il ritorno in percentuale di guadagno sul mio investimento. Il ritorno dell'investimento ci indica quanto rende il mio investimento indipendentemente da come sia stato finanziato.

La formula è il mio utile diviso il totale dell'investimento per cento: utile 30.000 diviso investimento 120.000 per 100 uguale a 25%. Per essere garantiti da un utile blindato non dovremo mai prendere in considerazione un'operazione che va al di sotto del 30%.

Il Roe (Return on equity), invece, è l'indicatore che identifica il rendimento del capitale proprio investito. Entrambi questi indicatori saranno da rapportare anche al tempo di durata della nostra operazione. Al momento ti basti sapere che dal tuo business plan dovrai avere sempre un Roi almeno del 30%.

Il tuo business plan sarà la tua guida dell'operazione. Dovrà monitorarti sempre tre scenari essenziali: migliore, medio e peggiore, riassumendoti costantemente i costi e le spese gravanti sull'operazione.

Le nostre operazioni devono essere sostenute dai numeri, sempre. Non conta se l'immobile è bello o è brutto, ci piace oppure no. Io ti posso dire che di tutte le operazioni che ho fatto, non sarei mai andata ad abitare in nessun immobile che ho stralciato e rivenduto.

Quindi l'immobile lo guardo come merce di guadagno e valuto solo attraverso il mio business plan. Quanto questo sarà compilato con precisione e attenzione, quanto potremo avere in ogni momento il polso della situazione.

RIEPILOGO DEL CAPITOLO 4:

- SEGRETO n. 1: business plan.
- SEGRETO n. 2: calcolo del Roi per ogni operazione.
- SEGRETO n. 3: calcolo del Roe.

# Capitolo 5:
# Prepararsi allo stralcio step by step

Ora è il momento dell'azione. Dovrai metterci impegno, ma ti garantisco che se lo farai sarai ripagato oltre ogni aspettativa. La prima azione che devi compiere, ti permette di agire stando ancora per un attimo nella tua zona di comfort.

Andiamo per step: in primis dobbiamo in modo molto sterile e anche nel comfort del nostro divano selezionare il maggior numero di operazioni interessate nella zona o nella città in cui intendiamo operare.

Questa prima fase è di una facilità imbarazzante, ti serve un computer, una connessione internet, una verifica sul sito del tribunale, per capire qual è il sito di riferimento per le pubblicazioni delle aste immobiliari (il più utilizzato solitamente è www.pvp.it).

Ci sono tribunali che preferiscono altre piattaforme, sarà facile verificare qual è il sito della città dove intendi operare. Poi nel tempo, quando sei riconosciuto come professionista nello stralcio immobiliare, l'esecutato ti verrà segnalato anche da agenti immobiliari, notai, magari dalla tua cerchia di professionisti. Il modo per iniziare, il modo standard, sono le piattaforme pubblicitarie dei tribunali.

Su queste piattaforme vado a identificare l'immobile interessante per fare una trattativa di questo tipo. Ora, come faccio a individuare in modo scientifico l'operazione interessante?

Inizia a creare un file Excel (durante il corso stralci ti fornisco il mio che è il più figo di tutti!) nel quale andrai ad inserire tutti i dati degli immobili in procedura e che sono pubblicati su questi siti. Tale attività è indicata come: mappare le aste.

Tutti gli immobili possono essere oggetto di saldo e stralcio? Su base teorica posso rispondere sì, in realtà le procedure fattibili e che noi dobbiamo prendere in considerazione sono essenzialmente esecuzioni immobiliari di persone fisiche (no società, quindi no fallimenti), che contano al massimo tre creditori.

I fallimenti e altri tipi di procedure sono da escludere a priori in quanto riservano insidie di difficile gestione, come ad esempio l'assoggettamento all'istituto delle revocatorie. Quindi in questa fase applicheremo anche questo screening.

Dopo aver elencato le procedure attraverso il metodo della valorizzazione comparata, andiamo ad estrapolare le opportunità. Queste saranno quelle che ci danno un gap di almeno il 40% in meno rispetto al prezzo di mercato.

Iniziamo così a creare un file con tutti quei dati che con un veloce sguardo ti faranno capire il valore dell'immobile e della tua possibile operazione. Questo file crescerà con te e si implementerà di giorno in giorno delle successive operazioni, dandoti la possibilità di monitorare anche quelle già battute che possono diventare interessanti a seguito di eventuali aste deserte.

È molto importante ricordarsi sempre che il guadagno viene dai numeri e non dalle operazioni scelte di pancia. Probabilmente gli immobili che risulteranno interessanti non ti piaceranno, non saranno allineati con i tuoi gusti, ma poco importa, stiamo parlando di merce da vendere.

Fatto ciò, l'ultimo passaggio di questa prima fase è, attraverso i dati catastali, andare a individuare il nome dell'esecutato al fine di poterlo visitare presso la sua abitazione, incontrarlo, conoscerlo e dargli così la possibilità di comprendere che, tramite il tuo intervento si può chiudere la procedura con alcuni vantaggi molto interessanti. Qui poi entra in gioco tutto quello che hai appreso dal capitolo precedente.

Questi immobili individuati in asta devono essere poi analizzati. Come prima cosa l'asta deve avere una data di almeno 45 giorni da quando avvistiamo la nostra opportunità e iniziamo a prendere i primi contatti, questo perché dobbiamo avere tutto il tempo necessario per entrare in contatto con l'esecutato e successivamente con i creditori.

Da fare assolutamente in questa fase è l'analisi precisa e dettagliata della perizia. Come ti ho sempre suggerito nel capitolo precedente, devi acquisire familiarità con termini tecnici in quanto lo screening della perizia farà emergere la bontà o meno dell'immobile, se ha abusi edilizi o se ha regolarità catastale.

Qui si può capire se l'immobile che stiamo analizzando è oppure no una buona opportunità per lo stralcio. Qui si decide se lasciare andare la posizione oppure vale la pena approfondire e quindi passare alla fase successiva, cioè quella di individuare il nome dell'esecutato.

Le perizie a favore della privacy hanno secretato il nome dell'esecutato, quindi per individuarlo dovremo utilizzare la visura acquisita attraverso i dati catastali.

La condizione ottimale affinché uno stralcio possa essere concluso al meglio è che vi siano al massimo tre creditori: solitamente la banca, il condominio, a volte qualche privato e nelle situazioni peggiori Agenzia Entrate Riscossione.

Tutto questo, ripeto, si può fare senza mai uscire dalla tua zona di comfort. Quindi ha una difficoltà molto bassa, si tratta solo di iniziare a studiare un mercato nuovo e una procedura nuova. La curiosità e l'attenzione devono essere sovrane.

Ma, a un certo punto, la spinta propulsiva di un'operazione super con un margine di guadagno che non si può rifiutare ti farà sobbalzare dal divano per correre a visitare l'esecutato. Qui devi necessariamente tirar fuori tutta la faccia tosta che hai acquisito con lo studio (sempre nel capitolo precedente).

Eh sì, qui ti giochi l'operazione. Se sarai bravo nel comunicare con l'esecutato, questo ti firmerà la delega con la quale potrai poi procedere con lo stralcio; se invece ti arriva un due di picche, hai perso una possibilità di guadagno. Quindi questa fase è super delicata e richiede tutto il tuo massimo impegno e concentrazione.

Tu sei bravissimo e così ottieni dal tuo esecutato la delega per passare a relazionarti con i creditori al fine di trovare un accordo transattivo relativamente al debito contratto a suo tempo dal nostro esecutato.

Io una volta entrata in contatto con l'esecutato solitamente ho una tempistica che va da 15 a 30 minuti di dialogo, dopodiché esco con la delega firmata, con la visione dell'immobile fatto.

La mia tecnica principale, non ci crederai dato che parlo sempre, è quella di ascoltare, annuire, comprendere e poi assicurare che darò tutta me stessa perché si possa portare a casa una benevola soluzione della questione.

Chiudo tutte le operazioni? Certo che no! Anche se sono molto brava, succede spesso che a un certo punto si presentino questioni non palesi all'inizio, oppure molto spesso il debitore nasconde tutti i suoi effettivi debiti, e se il mio business plan non mi garantisce la percentuale stabilita minima del 30%, con molta cordialità e onestà riferisco all'esecutato che mi è impossibile aiutarlo in quanto la sua situazione è troppo onerosa.

Dire sempre la verità. Con cortesia ed educazione, mai illudere o ingannare l'esecutato. Il linguaggio che dovremo adottare sarà allineato con chi ci troviamo davanti.

Se si tratta di una persona semplice, evitiamo di sfoggiare paroloni incomprensibili di cui magari per vergogna non verrà chiesta la spiegazione ma faranno sì che l'esecutato perda fiducia in quanto gli sembreranno cose al di fuori della sua portata.

Dovremo essere semplici e chiari, spiegare il nostro modo di operare, lasciare tutti i nostri riferimenti in modo tale che lui sappia che può contare su di noi in ogni momento e chiamarci a ogni possibile dubbio.

Dovremo anche concordare qualche piccola miglioria all'immobile, ove necessaria, e soprattutto la disponibilità a far visionare la casa a eventuali possibili acquirenti.

La delega è il semaforo per iniziare concretamente lo stralcio oppure abbandonarlo. Quindi questo è il momento più delicato in cui dovrai assolutamente dare il meglio di te.

Ci sono alcune leve che è opportuno conoscere affinché il prendere la delega sia leggermente agevolato: la prima, ne abbiamo già parlato, è quella di ridare una dignità bancaria e liberare la persona da ogni pendenza finanziaria.

L'altra leva è quella di liberarla dai debiti e offrire anche una somma di denaro. Io cerco sempre di riservare una somma per l'esecutato piccola o grande che sia indipendentemente dal fatto che i debiti chiusi siano superiori o inferiori al valore dell'immobile.

In questo caso, se l'immobile va aggiudicato in asta all'esecutato spetta una somma di ritorno dalla procedura, ma considerando i tempi tecnici e spiegando dettagliatamente come avviene il rilascio del denaro da parte del tribunale, sarà sicuramente invogliato a rilasciarci la delega.

Per poter più agevolmente incontrare l'esecutato e ottenere la delega, è opportuno recarsi presso la sua abitazione in orari serali o festivi, quando ci sono maggiori probabilità di trovarlo in casa.

Mai parlare con il portiere: sappiamo che è la persona costantemente più informata di ciò che avviene nel condominio, ma la privacy dobbiamo sempre rispettarla. Questo anche nei confronti di altre persone che potremmo rinvenire nell'abitazione: mai parlare con figli, genitori, mogli o mariti o peggio ancora con i vicini di casa.

È necessario interloquire direttamente con l'interessato. Se riusciamo, evitiamo di citofonare dalla strada urlando chi siamo e creando anche un misunderstanding che ci preclude ogni sviluppo.

Cerchiamo di arrivare alla porta e suoniamo il campanello o bussiamo in modo tale che un eventuale dialogo avrà dei toni più pacati e a una distanza ravvicinata, inoltre in questo modo l'esecutato potrà vederci in viso e acquisire fiducia nell'aprire.

Nel caso in cui dopo vari tentativi proprio non riusciamo a trovare l'esecutato, oppure capiamo che è in casa ma in modo diffidente non intende aprirci e ascoltarci, lasciamo nella cassetta postale o ancora meglio sotto la porta una nostra lettera di presentazione in cui brevemente cercheremo di far capire chi siamo, cosa facciamo e come possiamo aiutarlo.

Ora, con la delega in mano è il momento di fare i conti. Non dovete diventare ragionieri o ingegneri, sarà sufficiente un vostro minimo impegno nel compilare il business plan, inserendo tutti i numeri finora raccolti per capire la bontà della vostra operazione.

Se inserendo gli importi ipotizzati di saldo a stralcio dei creditori, i costi relativi e annessi, un importo per gli imprevisti e il nostro prezzo di vendita otteniamo un Roi (te lo ricordi vero?) superiore al 30%, perfetto, siamo nella nostra operazione perfetta.

Importante è considerare sempre una somma per gli imprevisti e poi abbiamo il nostro esecutato.

È vero che andiamo a chiudere tutti i suoi debiti, ma nell'etica del nostro operare (io la penso così) dobbiamo inserire una somma che, mantenendo sempre il nostro Roi sopra il 30%, ci permetta di aiutarlo anche finanziariamente.

Considerate che comunque questa persona dovrà lasciare la sua casa, dovrà sostenere le spese per un trasloco. Quindi se la nostra operazione regge, cerchiamo di non essere avidi, condividiamo un po' del nostro guadagno con lui, fare del bene porta del bene. Vedrai che poi la ruota girerà e continuerai a trovare operazioni vantaggiose.

Torniamo a noi: dove eravamo rimasti, al nostro Roi che ci dà sostanzialmente il via alla chiusura dell'operazione. A questo punto, non hai ancora speso un soldo, hai parlato con l'esecutato e hai ipotizzato dei possibili accordi con tutte le parti coinvolte.

Qui bisogna iniziare a pensare come chiudere l'operazione: se intendiamo comprare l'immobile, se intendiamo cedere a un possibile acquirente, se vogliamo avvalerci di un finanziatore. In parallelo dobbiamo iniziare a creare questi pensieri.

Abbiamo visto l'immobile e possiamo iniziare a ipotizzare un target di riferimento. È il momento in cui anche lo street price viene da noi confermato in quanto con la visione dell'immobile possiamo confermare o meno le ipotesi studiate a tavolino.

All'inizio, con i primi saldi e stralci ti sarà difficile reperire i riferimenti, gli interlocutori delle banche o degli amministratori di condominio, poi man mano che diventerai esperto, ti renderai conto che molto spesso si tratta delle stesse persone.

O comunque le persone con le quali hai interagito per altre posizioni ti aiuteranno nelle pratiche successive. La tua reputazione sarà il tuo biglietto da visita e la tua credibilità soprattutto con le banche.

Questa è la fase con maggiore difficoltà sia tecnica che psicologica. Bisogna trovare l'accordo con tutti i creditori, stando ben attenti a non dimenticare nessuno. In questa fase soprattutto all'inizio avere di fianco il mentore che ti da supporto è veramente una garanzia per il buon esito delle trattative.

Spesso il condominio è il procedente, poi c'è la banca che ha ipoteca di primo grado. A questo punto, sarebbe necessario anche un passaggio in Cancelleria del tribunale per verificare tutte le parti intervenute in procedura e anche per acquisire ulteriori informazioni relativamente ai creditori e ai loro legali.

Da un paio d'anni questo passaggio è necessario compierlo attraverso la nomina di un legale da parte dell'esecutato oppure in alcuni tribunali solo con l'accesso da parte dell'esecutato stesso. È una formalità in evoluzione quindi non ti posso dare una formula valida per tutte le cancellerie.

Sarai tu a dover fare qualche indagine presso il tribunale in cui hai deciso di operare. Si prendono contatti con i creditori e dopo aver chiesto la precisa situazione debitoria del nostro esecutato si formulano sempre a nome dello stesso le proposte transattive.

In questa fase la conoscenza del mercato immobiliare, la strategia solitamente applicata della banca con la quale si interloquisce permette di formulare offerte allineate con le aspettative.

In uno dei miei primi stralci, dopo una snervante trattativa a mezzo mail, chiesi appuntamento al responsabile con potere decisionale della banca.

L'incontro fu brevissimo: entrai nella sala riunioni dove ero attesa dal gestore e dal funzionario e mi presentai, questa (era una donna) signora mi guardò con aria stranita dicendomi: "Io pensavo di parlare con un avvocato", allora io molto serenamente le risposi: "Sono commercialista, mi dispiace che le sue aspettative fossero altre, comunque i miei soldi hanno lo stesso valore di quelli di un avvocato".

Ci furono circa trenta secondi di gelo durante i quali pensai che mi avrebbe cacciata fuori in malo modo. Invece ascoltò la mia proposta e si prese qualche ora per rispondere. Credo sia stata la trattativa più breve di tutta la mia vita.

A fine giornata arrivò la mail di accettazione della mia proposta con un'unica condizione: un pagamento entro tre giorni. Era fatta. Questo vi dimostra che nei rapporti umani non sempre vige una regola, essere sempre se stessi invece è la regola vincente.

Da anni questa banca mi segnala delle posizioni e ho un rapporto molto confidenziale sia con il responsabile sia con molti gestori. Se chiudiamo tutti i debiti dobbiamo essere pronti a chiudere anche l'operazione o con la classica compravendita con rinuncia agli atti oppure con la cessione del preliminare.

Se ci ritroviamo nelle trattative nei venti giorni precedenti l'asta e siamo abbastanza certi del buon esito della conclusione dell'operazione possiamo chiedere al giudice la sospensione della procedura.

La squadra di professionisti ora è fondamentale per impostare al meglio l'operazione; se il tuo agente immobiliare di fiducia nel frattempo ti ha trovato l'acquirente puoi chiudere la più bella operazione che puoi immaginare. Lo stralcio senza soldi.

La conoscenza tecnica di questo specifico passaggio è importantissima, quindi ti consiglio all'inizio di farle insieme a me.

Se invece opti per chiudere l'operazione con un investitore immobiliare che metterà comunque il denaro, concorderai a priori un compenso per l'attività svolta. Sarà probabilmente un guadagno leggermente inferiore all'acquirente finale, ma l'importante è guadagnare.

In questa fase finale sarà anche necessario coccolare l'esecutato, e far sentire la nostra presenza. Lui dovrà liberare la casa, e noi dovremo dargli tutto il supporto che necessita, soprattutto psicologico.

Mai farlo sentire solo. Poi, come ho già detto, assicurargli una somma in denaro affinché possa ricominciare una nuova vita.

La chiusura dello stralcio avviene con la contestuale di vendita: udienza con il giudice dove ci saranno tutte le parti in causa in cui andranno a dichiarare di essere stati soddisfatti dei loro crediti rinunciando ai termini.

Cioè rinunciano ad attivarsi nei 21 giorni successivi alla data di chiusura delle procedure e anche il nostro esecutato dovrà aderire a questa rinuncia.

Quest'ultima fase ora con l'avvento del telematico si svolge presso lo studio del notaio e con gli avvocati delle parti che si occuperanno dell'espletamento con il giudice.

RIEPILOGO DEL CAPITOLO 5:

- SEGRETO n. 1: cercare l'opportunità.

- SEGRETO n. 2: andare dall'esecutato.

- SEGRETO n. 3: farsi firmare la delega.

- SEGRETO n. 4: trovare i giusti interlocutori relativamente ai creditori di procedura.

- SEGRETO n. 5: capire il reale valore dell'immobile.

- SEGRETO n. 6: formulare in modo corretto le proposte di stralcio ai vari creditori.

- SEGRETO n. 7: trovare l'acquirente dell'immobile oppure essere disponibili e liquidi ad acquistarlo per poi rivenderlo.

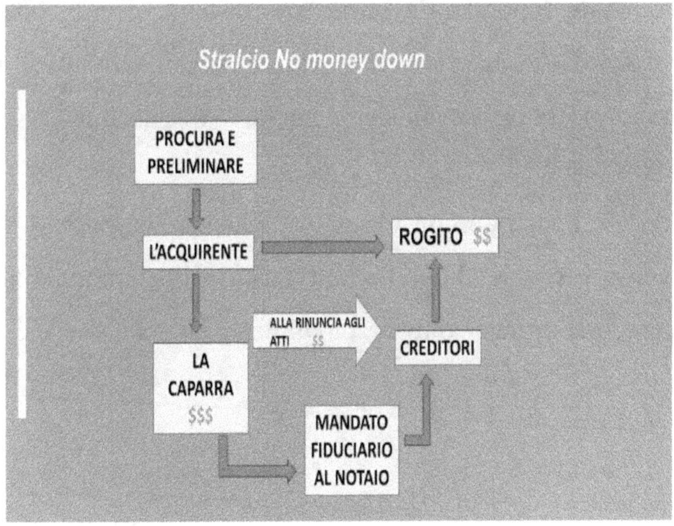

# Capitolo 6:
# Come redigere un contratto preliminare

Quest'ultimo elemento è tecnico e non di semplice comprensione per chi non è un addetto del settore. Cerco di spiegarti con più precisione quest'ultimo passaggio di chiusura una volta raggiunto l'accordo con i creditori.

È importante che tu capisca bene cosa puoi fare e come puoi farla, e sicuramente dopo che l'avremo fatto insieme alcune volte sarai super esperto. Ora mi sento in dovere di specificare alcuni punti, così che tu possa essere più sicuro anche in quest'ultima fase.

Quando c'è l'accordo con i creditori bisogna riportare al meglio questa informazione al debitore e ottenere l'impegno alla vendita dell'immobile attraverso il rilascio di una procura a vendere.

Dovremo stipulare un contratto preliminare di compravendita con delle caratteristiche particolari assolutamente legali ma che non sono di uso comune.

Ad esempio, il prezzo di vendita non sarà indicato come una somma fissa ma verrà determinato dalla somma degli accordi presi con i creditori, dalle spese connesse e da una cifra da corrispondere al proprietario.

Anche il pagamento non verrà versato al promittente venditore bensì direttamente ai creditori e la somma per il proprietario può essere versata al momento del rilascio dell'immobile.

Per questi dettagli l'esperienza ti darà modo di acquisire sicurezza, il mentore e il gruppo di lavoro saranno punti di riferimento importanti.

Per cominciare, il contratto di preliminare deve essere scritto su una base che tu ben conosci e che ti tutela sotto tutti i punti di vista. Puoi iniziare da quello che trovi sul manuale super collaudato da Alfio, da me e da tutti i coach.

La tua modulistica base è importantissima. Dalla delega alla procura al contratto di vendita finale devi aver ben chiaro come e cosa devono contenere. Quali sono le frasi importanti che ti blindano nell'operazione e fanno sì che né tu né nessun altro coinvolto si possa far male.

Quindi ti invito a creare una tua bozza del contratto preliminare che contenga tutte le possibili variabili necessarie affinché si possa chiudere l'operazione in serenità.

Se hai trovato il notaio che già opera con altri investitori immobiliari, nel saldo e stralcio potrà aiutarti. Purtroppo non era possibile inserire qui tutto il contratto. Ti lascio alcuni passaggi fondamentali e minimi che dovrai inserire nel tuo contratto:

Art. 1: Il Sig. ____________ si obbliga a vendere al Sig. ____________ che, per sé o per persona fisica o giuridica da nominare entro i tre giorni successivi alla stipula del contratto definitivo di vendita, si impegna ad acquistare il diritto di proprietà piena ed esclusiva del seguente immobile sito in…

Art. …: La parte venditrice, a norma dell'art. 1406 c.c. e segg., consente sin d'ora che la parte promissaria acquirente ceda a terzi, a qualsiasi titolo, il presente contratto preliminare […].

Art. … Il presente contratto è sottoposto alla seguente condizione sospensiva: buon esito delle proposte transattive formulate ai creditori ………, nella procedura Rge … presso il Tribunale di ………

RIEPILOGO DEL CAPITOLO 6:

• SEGRETO n. 1: Il Sig. _____________ si obbliga a vendere al Sig. _____________ che, per sé o per persona fisica o giuridica da nominare entro i tre giorni successivi alla stipula del contratto definitivo di vendita, si impegna ad acquistare il diritto di proprietà piena ed esclusiva del seguente immobile sito in…

• SEGRETO n. 2: La parte venditrice, a norma dell'art. 1406 c.c. e segg., consente sin d'ora che la parte promissaria acquirente ceda a terzi, a qualsiasi titolo, il presente contratto preliminare […].

• SEGRETO n. 3: Art. …: Il presente contratto è sottoposto alla seguente condizione sospensiva: buon esito delle proposte transattive formulate ai creditori ………, nella procedura Rge … presso il Tribunale di ………

# Capitolo 7:
# Errori da evitare

Ci sono errori macro che ti invito ad analizzare sin dall'inizio così da evitare di cadere subito. Primo: la valutazione dell'immobile. Il prezzo di chiusura dello stralcio deve sempre essere almeno al di sotto del 40% rispetto alla media del libero mercato.

Quindi, essendo abbastanza complessa la chiusura dell'operazione dello stralcio con timbro di rinuncia agli atti finale da parte del giudice dell'esecuzione, l'operazione deve destare un certo interesse anche al nostro eventuale investitore o nel caso di nostro acquisto per futura rivendita ci deve garantire un margine interessante di guadagno.

Se non vi è questa condizione si abbandona tranquillamente l'operazione. Ricordiamoci sempre che il nostro fine ultimo è quello di guadagnare. Infatti, l'altro parametro che dovremmo rispettare è il Roi dell'operazione.

Possiamo ritenere l'operazione interessante e blindata anche davanti a un possibile incaglio non voluto o imprevisto, quando possiamo contabilizzare un Roi almeno del 30%. Un errore in questa fase può compromettere il nostro operato.

Quindi, valutare attentamente l'immobile e creare il business plan di fattibilità con errori potrebbe costarci molto caro.

Il secondo: l'errata individuazione dei creditori. Abbiamo visto che la lettura della perizia necessita di competenza specifica. Individuazione dei creditori e precisa identificazione delle trascrizioni pregiudizievoli è fondamentale per non dimenticare qualche creditore e trovare poi sorprese non considerate.

Importante, quindi, monitorare tutte le fonti ufficiali e mai tralasciare Agenzia Entrate Riscossioni.

L'indagine è fondamentale. Interrogare il nostro esecutato al fine di vagliare la sua posizione debitoria anche con situazioni non insinuate in procedura. Avere la situazione chiara, precisa e dettagliata, sempre.

Il terzo: nella trattativa con i creditori dovete seguire la gerarchia. Bisogna sempre partire dal creditore privilegiato, senza se e senza ma. Se non c'è il benestare di questo è inutile continuare con i creditori chirografari.

Non seguire questa gerarchia può farci sprecare molto tempo in ricerche e dialoghi che non avranno la possibilità di concretizzarsi. Quindi non è tanto importante il procedente, bensì il creditore ipotecario. Un no di quest'ultimo ci costringe ad archiviare definitivamente la posizione.

Il quarto: non essere chiari con l'esecutato. Trasparenza e cordialità sono degli strumenti di lavoro. Spiegare sempre all'esecutato che con l'asta perderà molto di più rispetto alla casa è un dovere.

Il debito non verrà estinto con l'aggiudicazione, ma molto spesso rimarrà una quota per la differenza conteggiata tra la somma incassata, tutti gli importi di procedura e il debito residuo maggiorato sempre da spese more e interessi.

Invece, nel caso in cui il debito fosse più basso rispetto alla somma incassata, sempre detratte tutte le spese e le more vi sarà una somma di restituzione all'esecutato, solamente dopo il piano di riparto, quindi non meno di un paio d'anni. Non risparmiarti mai, dai il meglio di te sempre ricordando però che non hai la bacchetta magica.

Quindi, nessuna illusione per l'esecutato. Questo atteggiamento è propositivo e importante per la tua autostima e per la tua credibilità.

quinto: andare a colloquio dall'esecutato senza avere con te la delega. Ciò significa mai rimandare a domani ciò che puoi fare oggi. Quindi tenere sempre il modello di delega comodo da stampare o nel caso da copiare o ancora già pronto stampato in borsa e solo da compilare e firmare.

Non dobbiamo mai farci sorprendere impreparati. Io solitamente utilizzo tre modelli di delega: quello specifico per l'Agenzia Entrate, poi quello molto generico che utilizzo per le trattative con le banche, e poi ne ho un terzo che uso nel caso in cui vi siano altre figure coinvolte nell'operazione come l'avvocato dell'esecutato.

O decidi di imparare a memoria le deleghe e scriverle di getto nel momento del bisogno, oppure devono diventare parte di te.

Il sesto: non fidarti di te stesso. Tu devi essere il miglior consigliere di te stesso. Studia, impara, se vuoi chiedi sempre il punto di vista di chi hai vicino, interpella i tuoi professionisti selezionati, ma alla fine tira tu le conclusioni.

La vita è tua, le operazioni sono tue, se vinci o se perdi devi assumertene sempre la responsabilità. Questo aumenterà nel tempo la tua sicurezza e la consapevolezza che sei bravo, stai imparando e migliori ogni giorno che passa.

Potrai così affrontare operazioni sempre più importanti perché le tue fondamenta saranno solide.

Il settimo: arrendersi. Il tuo motto deve diventare "Crederci sempre, arrendersi mai!". Io ho preso porte in faccia e tanti no, e ancora ne prenderò in questa attività. È normale. Succederà anche a te, è inevitabile.

Tu puoi scegliere se mollare tutto oppure pensare che anche i grandi come Walt Disney hanno dovuto lottare per raggiungere il loro sogno. Quindi per quale motivo dovrebbe essere più semplice per noi?

Quando ricevi un "no", invece di scoraggiarti poniti delle domande per come affrontare le obiezioni la volta successiva. E ricordati una cosa molto importante: quando il tuo interlocutore crea una discussione con te, ti pone tante obiezioni e questo perché lo stai interessando e si trova a combattere con le sue emozioni.

Quindi, cerca le obiezioni dell'esecutato, indaga cosa vuole sapere, cosa crede non gli sia chiaro. Ogni risposta competente che fornirai sarà un passo avanti per uscire dalla sua abitazione con la delega firmata.

L'ottavo: paralisi d'analisi. Questo errore è quello che detesto maggiormente. Rimanere fermi alla riga di partenza, ricercare spasmodicamente l'operazione profittevole senza mai alzarsi dalla poltrona.

Eh sì, in molti si comportano in questo modo. Studia, mappa, studia, mappa. Fai mille corsi, siediti nelle prime file come un bravo studente e poi non agire, sei sempre al punto di partenza.

In questo modo diventi corsista professionista, professore della materia, ma non professionista di un'attività profittevole.

"Alzare il sederino" fa la differenza. Provare, sbagliare, riprovare. Solo così sarai in grado di fare esperienza e portare a casa il risultato. Seguire soltanto i corsi è come guardare Netflix semplicemente da una posizione diversa. Stare fermo non ti porterà da nessuna parte.

RIEPILOGO DEL CAPITOLO 7:

- SEGRETO n. 1: valutazione dell'immobile.

- SEGRETO n. 2: individuazione dei creditori.

- SEGRETO n. 3: trattativa con i creditori.

- SEGRETO n. 4: chiarezza con l'esecutato.

- SEGRETO n. 5: delega sempre con sé.

- SEGRETO n. 6: fidati di te.

- SEGRETO n. 7: arrendersi.

- SEGRETO n. 8: paralisi d'analisi.

# Capitolo 8:

# Come guadagnare con gli stralci

Riuscire a chiudere il primo stralcio non è tanto importante per i soldi che hai guadagnato, infatti l'importante è che tu sia riuscito a seguire tutti gli step dei capitoli precedenti che sono indispensabili.

Ti assicuro che se riesci ad eseguire il primo stralcio riuscirai a fare il secondo e così con sempre più naturalezza e quindi ci sono pochi dubbi: "diventi ricco".

Come ti ho già detto, nulla avviene per caso. I passaggi da seguire sono pochi ma, come elencati, ben precisi. Questa tecnica di investimenti immobiliari, come hai potuto constatare dalle pagine precedenti, è più articolata e complessa delle altre, quindi per riuscire devi avere una preparazione ben solida e un mentore che stia già percorrendo questa strada.

Siamo qui, ho chiuso lo stralcio: ho trovato l'opportunità, sono riuscita ad acquisire la fiducia dell'esecutato e mi ha rilasciato la delega. Ho trattato con i creditori e sono riuscita a trovare un accordo profittevole con loro.

Il mio business plan mi sfodera un Roi superiore al 30%. Quindi perfetto, la mia operazione è chiudibile. A questo punto cosa posso fare? Ho due possibilità: compro l'immobile per sistemarlo e rivenderlo, e ciò presuppone che io abbia liquidità da investire, in alternativa faccio uno stralcio senza soldi, cioè faccio acquistare l'immobile nello stato di fatto in cui si trova a un terzo acquirente.

La prima possibilità è facile: porto l'esecutato dal mio notaio, convoco i creditori, con la stipula dell'atto di vendita vengono saldati i debiti e i creditori depositano in procedura del tribunale tramite i loro legali la rinuncia agli atti.

In questo modo io acquisto l'immobile pulito da ogni pendenza e posso ristrutturarlo, fare migliorie, per poi metterlo sul mercato a un prezzo più alto.

Questa parte con il team giusto di professionisti sono certa che ti viene molto facile, la parte più ostica è che non sono sicura che tu abbia il denaro per eseguire l'operazione, soprattutto se sei alla tua prima esperienza.

Quindi cosa facciamo? Passiamo al piano B: stralcio senza soldi. Qui devi stare molto attento: è la parte più difficile in assoluto e alcuni notai non sono neppure molto preparati.

Devi trovare subito una persona che sia interessata ad acquistare il tuo immobile e che abbia la liquidità monetaria per farlo. Credimi: di persone che hanno denaro e sono interessate a fare affari immobiliari ce ne sono molte. Poi devi organizzare con l'esecutato il rilascio di procura a vendere.

È importante che tu tenga costantemente informato l'esecutato dei tuoi progressi per la chiusura dei suoi debiti, lui deve essere sempre consapevole che lo stai aiutando e che la casa o è persa con l'asta oppure concorda la vendita con te con tutti i vantaggi già studiati.

Quindi sempre da notaio redigiamo un preliminare di vendita che ci permetterà o di intestarci l'immobile oppure di procedere a una cessione a terzi, i nostri acquirenti finali, nel caso optiamo per un'operazione senza soldi.

Con il saldo prezzo contestuale si chiude di fatto il mio stralcio e in questa fase troveremo tutti gli attori dell'operazione: il debitore rappresentato da me, i creditori, l'avvocato che dovrà procedere in tribunale presso il giudice della procedura per i depositi delle rinunce agli atti, l'acquirente nel caso in cui io proceda con un'operazione senza soldi.

La cessione del preliminare di compravendita apre un'altra parentesi tecnica. Questo è il dettaglio che ti permette di chiudere l'operazione senza soldi, cedendo il diritto di acquisto da un terzo. Il risultato principale che ottengo è quello di creare una nuova routine di lavoro e la consapevolezza di avere acquisito nuove capacità.

Creo altresì nuove relazioni che sono sicuramente il seme per altre operazioni future, perché il saldo e stralcio non esclude la possibilità di operare anche sul mercato libero oppure di partecipare alle aste.

È sicuramente un'attività a un livello avanzato che non esclude null'altro che abbia un Roi degno di nota. Il risultato migliore che ottengo è cambiare il corso della vita a molte persone.

Ma se non chiudo l'operazione? Un fatto importante è che non avrò speso denaro, avrò dedicato un po' del mio tempo. Avrò conosciuto persone nuove, avrò imparato. Proprio così.

Con quest'attività, anche nel momento in cui non raggiungi la soddisfazione economica di portare a termine l'operazione perché si insinuano insidie insormontabili sul cammino, ci sarà sempre l'arricchimento di aver incontrato persone, scoperto sfaccettature sconosciute che saranno sicuramente utili nel futuro immediato.

Qui vale proprio il detto: o vinco o imparo. Il risultato sarà un'esperienza di studio e di arricchimento personale.

RIEPILOGO DEL CAPITOLO 8:

- SEGRETO n. 1: diventi ricco.

- SEGRETO n. 2: nuova routine.

- SEGRETO n. 3: cambio la mia vita e quella di molte persone.

- SEGRETO n. 4: o vinco o imparo.

# Capitolo 9:
# È sempre il momento giusto

Per iniziare l'attività immobiliare è sempre il momento giusto. Per iniziare gli stralci immobiliari è sempre il momento giusto. Se il mercato immobiliare è fermo, con lo stralcio avrai il vantaggio di relazionarti con banche molto più disponibili a trattare e chiudere posizioni incancrenite.

Se il mercato è effervescente avrai la possibilità di scegliere a quale investitore più liquido e motivato vendere il tuo stralcio. La fortuna e la raccomandazione in questo lavoro non servono: sarà sempre tutta farina del tuo sacco. Il tuo studio, la tua metodologia, la tua applicazione e il tuo business plan saranno le tue linee guida.

Il gruppo di professionisti che hai individuato e scelto: agenti immobiliari, broker finanziari, imprese edili, architetto, geometra, home-stager, notaio sono consulenti gratuiti a tua disposizione se sai sfruttare bene l'opportunità.

Certo sono professionisti, ma verranno pagati dopo aver svolto un servizio, quindi saranno sempre disponibili a fornirti una consulenza, una valutazione gratuita per poi accaparrarsi l'incarico e tu riceverai sempre informazioni, esperienza e consulenza gratuita.

Fondamentale tenere un mentore al proprio fianco, la sua esperienza sul campo, la sua forza motivazionale saranno sempre una torcia che illuminerà il tuo cammino quando avrai la sensazione di essere dentro a un tunnel senza vederne la fine.

Puoi iniziare senza capitali: cosa c'è di meglio del saldo e stralcio senza soldi? Puoi iniziare dei dialoghi con gli istituti bancari con i quali lavori e verificare le possibilità di essere finanziato, puoi iniziare relazioni con agenti immobiliari che hanno un buon portafoglio di clienti motivati all'acquisto, puoi iniziare a parlare con parenti e amici per coinvolgerli a collaborare con te.

Puoi iniziare anche se stai già facendo un altro lavoro. Quest'attività la puoi gestire in totale autonomia rispetto a tante altre attività che svolgi: ha un ritmo suo e le operazioni iniziano e finiscono in un tempo molto limitato.

Cosa ti impedisce di iniziare subito? Ti racconto un'operazione super veloce che ho chiuso lo scorso anno. In 47 giorni ho conosciuto l'operazione, l'ho lavorata e poi chiusa.

Questo immobile sito in una zona abbastanza periferica di Milano era di proprietà di due ex coniugi filippini, con la separazione la moglie si era trasferita a Montecarlo a lavorare presso una famiglia e il marito aveva lasciato la casa e con i figli si era trasferito dalla sorella.

Un agente immobiliare che conosceva questi signori era riuscito a farsi rilasciare la delega da parte del marito, ma non riusciva a trovare la moglie. Hai compreso che per poter essere autorizzati a gestire la pratica bisogna avere l'autorizzazione di tutti i proprietari.

Io metto in moto qualche ricerca al fine di reperire la moglie e lui cerca un possibile acquirente. Per non perdere tempo verifico la banca creditrice e l'entità dei debiti: solo la banca per il residuo mutuo e il condominio.

Con il condominio purtroppo la trattativa è sempre ostica e la maggior parte delle volte il debito deve essere saldato interamente in quanto l'amministratore da solo non ha alcun potere per rinunciare a una parte di credito, dovrebbe convocare un'assemblea e spesso non vi sono le tempistiche necessarie.

Vengo contattata da un investitore immobiliare che non conoscevo il quale era riuscito a rintracciare l'ex moglie filippina e pertanto era in possesso della delega. Come spesso ripeto "è meglio mangiare una torta divisa in dieci piuttosto che una m…. da soli!".

Alla luce di questa filosofia, uniamo le forze e io mi metto all'opera per trovare il migliore accordo con i creditori, e l'agente immobiliare (che non è un calamaro!), setacciando i contatti e le richieste in pancia, riesce a trovare in un tempo brevissimo un acquirente dell'appartamento.

Fantastico, fissiamo l'appuntamento dal notaio per le procure; in questo caso, per quanto riguarda la moglie la procura è stata raccolta da un notaio a Ventimiglia (al confine con la Francia) per agevolarla negli spostamenti, mentre la procura del marito è stata sottoscritta a Milano ed è stato fatto il deposito fiduciario per i creditori.

Ti dettaglio ulteriormente. L'appartamento è stato venduto a 90.000,00 euro. Con questo denaro sono stati pagati i creditori: 50.200,00 euro al creditore procedente che era l'istituto bancario e 9.521,00 euro al creditore chirografario che era il condominio.

Dalla vendita i due ex coniugi proprietari dell'immobile hanno ricavato 5.000,00 euro che hanno permesso un piccolo riavvicinamento per l'asportazione degli ultimi beni e la possibilità di spostamento della moglie.

È stato pagato ovviamente il notaio per la redazione delle procure e per la gestione del deposito fiduciario per 1.080,00 euro ed è stato pagato l'avvocato per l'accesso agli atti e la rinuncia ai termini per 1.500,00 euro. Ovviamente per gli usi e costumi l'atto di acquisto è stato pagato dall'acquirente.

Ora, se hai fatto già un po' di calcoli, il costo complessivo dell'operazione è stato di 67.301,00 euro e l'immobile è stato pagato 90.000,00 euro: tornano i conti? Benissimo, questa differenza pari a 22.699,00 euro è stato il guadagno che abbiamo diviso in tre.

Può sembrarti poco, sono d'accordo con te. Ma se ragioniamo sul fatto che ha comportato da parte di tutti e tre un'attività svolta in circa 5 ore di lavoro a testa, sul fatto che da quando sono venuta a conoscenza dell'operazione alla chiusura con incasso sono trascorsi solo 47 giorni è straordinario.

Soprattutto se si considera che poi contemporaneamente tutti e tre abbiamo anche svolto altre attività produttive e che, dulcis in fundo, il Roi era del 33,73% (67.301/22.699) e soprattutto il Roe ha contabilizzato un bel 22.699% (22.699/zero) e posso continuare con il Roi reale, relativo al tempo impiegato per raggiungere l'obiettivo del 261,62% (67.301/2269/47*365) con un Roe reale del 17.627.946% (22.699/zero/47*365).

Credo che questi numeri ti portino a concordare con me che è stata una bella operazione. Tutti hanno mangiato la torta e anche gli esecutati sono usciti soddisfatti da questa soluzione.

L'aspetto interessante è che siamo riusciti a trovare una sinergia anche con uno sconosciuto, l'allineamento di vedute e l'etica condivisa hanno portato a un utile comune.

In questa mia operazione puoi trovare molti spunti di riflessione; intanto che si può collaborare e creare delle sinergie vantaggiose: tutti hanno ricavato un vantaggio con uno sforzo e un'azione minimi. Poi che in brevissimo tempo si possono contabilizzare utili considerevoli.

Nel caso di cessione del preliminare come in questa operazione, l'utile che ne è derivato dovrà essere dichiarato nel quadro dei redditi diversi della dichiarazione dei redditi e andrà assoggettato all'aliquota Irpef dello scaglione di riferimento di tutti i tuoi redditi.

Mi raccomando di porre sempre attenzione alla parte fiscale delle tue operazioni in quanto è bellissimo guadagnare ma dobbiamo ricordarci di essere sempre altrettanto precisi con il pagamento delle tasse.

Ti specifico brevemente che questa è l'operatività attraverso la cessione del preliminare, nel caso invece lo stralcio termini con l'acquisto dell'immobile, quindi te lo intesti, al momento della vendita la plusvalenza, cioè il gap tra prezzo di acquisto, considerando anche i costi accessori, e prezzo di vendita contabilizzerà la nostra plusvalenza tassabile a imposta che attualmente ammonta al 26% fisso.

Ti assicuro che dopo qualche operazione non sarai più preoccupato dal pagamento delle tasse, perché la tua ruota del criceto avrà preso un andamento di produzione di utile talmente interessante da toglierti questo mal di testa.

Ora, sei d'accordo con me che è sempre il momento giusto per buttarsi a capofitto in questo mercato?

RIEPILOGO DEL CAPITOLO 9:

- SEGRETO n. 1: meglio mangiare una torta divisa per dieci che una m…. da soli.
- SEGRETO n. 2: è sempre il momento giusto.
- SEGRETO n. 3: Roi e Roe.

# Capitolo 10:
# Impara l'arte e mettila da parte

Mia nonna materna me lo ripeteva spesso: "impara l'arte e mettila da parte" non puoi mai sapere cosa ti riserva il futuro. Lei mi insegnò molto, moltissimo. Soprattutto mi insegnò a imparare per avere poi maggiore consapevolezza nel discernimento.

Saper effettuare la scelta giusta nel fare o non fare è lo "sliding doors" della nostra vita. Ho sbagliato comunque, molte volte, ma ho sempre cercato le risorse dentro di me per continuare e non mollare mai.

Ho costantemente cercato di seguire questo mantra: nella mia vita ho osservato, ho cercato di capire e ho imparato molte cose, poi ho scelto cosa mi piace fare, cosa mi dà soddisfazione imparando a delegare tutte quelle attività che non ho mai apprezzato.

Per esempio: ho imparato a pulire e tenere in ordine la casa, ma l'ho sempre detestata come attività, quindi mi sono concentrata su occupazioni "high money value" e ho lasciato questa, che per me è sempre stata "low money value", a qualcun altro.

Questa distinzione è da mettere in campo sempre, anche per le esperienze: dobbiamo cercare di migliorarci continuamente e auspicare di immergerci in pratiche sempre più valorizzanti e di valore per noi e per chi ci sta vicino.

Cosa vuol dire? Vuol dire che se ci concentriamo sulle attività che ci danno maggior valore rispetto al tempo che dedichiamo, vuol dire iniziare a mettere in campo il discernimento in merito a come spendi il tuo tempo.

Forse è meglio studiare e impegnarci per migliorare la nostra condizione di vita piuttosto che fare zapping su Netflix tutto il giorno. Forse è meglio tenere duro nel rintraccio dell'esecutato piuttosto che arrendersi per andare a fare l'aperitivo sui Navigli.

Questo inizio di attenzione diversa in merito alle nostre anche piccole attività quotidiane, ti assicuro che nel lungo periodo porterà dei cambiamenti fondamentali nella vostra vita: arriveranno esperienze "high emotional value".

Perché potrai permetterti una vacanza in una località esclusiva e il tuo aperitivo magari sarà al centocinquantesimo piano del Burj Khalifa di Dubai. Imparare a guardare le cose da altre prospettive ti darà la possibilità di arricchirti anche di nuove opportunità che prima non riuscivi neppure a riconoscere.

Ho cercato in questo libro di trasmetterti tante informazioni; ho provato ad accendere una lampadina dentro di te; tu potrai approfondire tante parti di questo testo con volumi molto specifici sulla comunicazione, sulla Programmazione neurolinguistica, sull'arte della negoziazione. Potrai partecipare ai corsi Abtg, entrando sempre più nei dettagli e affinare le tue strategie.

Ciò che è importante e che ho cercato di comunicarti nei capitoli precedenti è che questa procedura vale da Trieste a Messina. È un procedimento che puoi applicare in qualsiasi città italiana.

Forse il mio libro non ti basterà per acquisire tutte le sfaccettature di un lavoro che si impara molto sul campo, di certo ti ha messo in mano una possibilità di guadagno, ora sta a te capire se e come utilizzarla. Ma non solo. Mi permetto di spingermi *worldwide* e ti spiego il perché.

Come abbiamo visto insieme, per questa attività è necessario mettere in campo una serie di strategie e competenze specifiche molto tecniche e semplici nel loro susseguirsi, ciò che fa la vera differenza è tutta quella parte più legata a noi, la preparazione psicologica che ci permette di guidare il tecnicismo verso il risultato.

In Italia, salvo alcune piccole varianti di ogni tribunale, basate su conoscenze più o meno tecnologiche da parte degli operatori, il sistema è quello che ti ho illustrato. Quindi, io opero a Milano principalmente, ma se mi sposto, anche a Palermo varranno le stesse leggi e dopo aver studiato il territorio, capito il mercato immobiliare, sarò in grado di ottenere gli stessi risultati e procedere nello stesso modo.

Se io volessi investire in Spagna attraverso la procedura del saldo e stralcio immobiliare sarebbe assolutamente fattibile. Va bene, prima però devo imparare lo spagnolo.

Vado in una città della Spagna che mi piace e cosa devo fare? Studio e mi documento sul mercato relativamente alla zona dove voglio operare e andrò a verificare quali sono le procedure tecniche che dovrò affrontare, ma per quanto riguarda tutta la parte di negoziazione, la capacità di chiudere un accordo, tutte quelle competenze acquisite in modo trasversale saranno naturalmente applicabili senza alcuno sforzo.

Quindi, una volta capito come funziona il sistema immobiliare e soprattutto questa specifica tecnica del saldo e stralcio, io sono in grado di operare ovunque, perché le basi e le strategie sono già mie, fanno parte di me.

Figo! Posso dirlo? Al giorno d'oggi, ove regna sovrana l'incertezza, sapere dove studiare e cosa andare a cercare è già "tanta roba" per creare uno spiraglio di ossigeno finanziario. Tutto questo però dipende solo da te. Lo ribadisco: è veramente fondamentale il tuo "perché".

Il carburante che ti fa alzare la mattina e dire che il mondo è nelle tue mani, la volontà di non mollare mai anche quando pensi di non potercela fare. Quando tutti ti diranno che è difficile, che lo fanno tutti, che è impossibile, che butti via il tuo tempo. Ecco, è in questi momenti che devi diventare come la rana sorda. La conosci la storia della rana sorda?

Bene, ti lascio al tuo nuovo lavoro con questa storia e spero che mi contatterai a un corso o su Facebook per raccontarmi il tuo primo stralcio immobiliare. Quel giorno avrò vinto anch'io insieme a te.

"Un giorno c'era una gara tra rane: in 10 dovevano riuscire a salire su un palo altissimo per guadagnare un premio. Tutte le rane spettatrici commentavano dicendo che il palo era troppo alto ed era assolutamente impossibile riuscire a farcela. E così molte rane che gareggiavano iniziavano a scuotere la testa, il palo appariva a tutte molto alto.

Inizia la gara e a turno cadono inesorabilmente dal palo, tranne una. Questa rana con tanta tanta fatica riesce ad arrivare in cima al palo e a vincere così la disputa. Alla premiazione tutte si avvicinano e le chiedono il segreto del suo successo e non risponde. Un'amica della rana vincitrice dice: 'È sorda!'".

Ecco il segreto: non sentiva tutti i commenti negativi che hanno influenzato le altre rane partecipanti. Lei si è data un obiettivo, lo ha creduto possibile ed è riuscita a farcela.

Ora ti voglio svelare i miei segreti per il successo: il primo segreto se vuoi avere successo è di non svelare mai il secondo segreto!

Ti auguro tutto il successo che meriti.

RIEPILOGO DEL CAPITOLO 10:

- SEGRETO n. 1: "high money value".

- SEGRETO n. 2: "high emotional value".

- SEGRETO n. 3: studia anche altri paesi.

- SEGRETO n. 4: "fare la rana sorda".

- SEGRETO n. 5: non svelare mai i segreti del tuo successo.

# Conclusione

Tutto è semplice e nulla è facile. Hai messo un piede nel "magico mondo dell'Armanini", un mondo che ha delle grandi opportunità se sei disposto ad alzare il "sederino".

Le procedure sono semplici, ma lo so che andare a conquistare il mondo non è facile. Anche se invece credo che con il giusto impegno tu ce la possa fare. Solamente tu puoi decidere e qualsiasi decisione prenderai avrai ragione.

Io ti invito a uscire dalla tua zona di comfort e mettere in campo ciò che hai letto, magari rileggi più volte alcuni passaggi oppure frequenta il corso.

Ci sono strumenti che ti permettono ora di guardare le difficoltà degli altri come delle opportunità per entrambi. Non male come cambiamento non credi?

Mentre scrivo stiamo vivendo uno dei momenti più drammatici dell'esistenza umana. Avere uno scopo chiaro, preciso di dove si vuole andare, dei risultati che si vogliono ottenere, oggi come mai ti possono permettere di cambiare la tua vita. Studia! Impara!

Non mi importa se sai moltiplicare 2.456×1.245, per questo esistono le calcolatrici. È importante che tu impari le strategie, dei nuovi modi di guadagnare il tuo denaro. È importante che tutte le sfere della tua vita dipendano solo da te.

Se riesci ad avvicinarti a questo modo di pensare, anche un periodo di lockdown riesci a viverlo come una nuova opportunità di crescita senza timori di cassa integrazione o sussidi statali.

Quando raggiungerai questo livello scrivimi, contattami e raccontami che sapore, che odore ha la tua libertà finanziaria. Raccontami quanto riesci a dare serenità e tranquillità alle persone che ami e magari quanto sei felice di poter far vivere i tuoi figli in una casa da sogno.

L'unica vera regola che vorrei instillare sotto la tua pelle è quella dell'azione. Studia, leggi, inizia, cadi e rialzati. Cadi e rialzati e vedrai che un giorno ti ritroverai a correre.

Questa è stata la mia esperienza. Vuoi sapere in quanti anni io sono arrivata qui? Quattro. Il primo anno tanto studio, corsi, coaching. Avevo parecchie convinzioni limitanti che a ogni coaching hanno perso potere. Poi l'approccio alle prime operazioni, ovviamente fallimentari.

Però, ti assicuro che già al secondo anno avevo buttato le prime basi con piccole operazioni, poi l'iperbole è schizzata verso l'alto. Ama quello che fai. Svegliati al mattino con la voglia di correre per i tuoi obiettivi. Arriverai a sera soddisfatto e certo di aver aggiunto un altro tassello al tuo miglioramento.

Chiedimi se sono felice. Sì, molto. Cerca anche tu di trasformare la tua passione per il mattone in un'impresa. Ti ribadisco che con il saldo e stralcio immobiliare puoi partire senza disponibilità finanziaria.

Ti ricordo che tutto dipende da te: se fai i passi che ti ho spiegato, e che potrai venire ad approfondire ai corsi, il risultato lo ottieni. Credici, puoi!

Mi auguro che questo mio scritto possa generare un'ulteriore curiosità così da incontrarti al prossimo Wake up Call di Alfio Bardolla, oppure al corso di saldo e stralcio immobili di approfondimento e altri corsi sulle tecniche di investimento immobiliare di Abtg.

www.alfiobardolla.com
www.armaninilaura.com

Visita i siti per contenuti gratuiti e approfondimenti, ti aspettiamo.

# Ringraziamenti

Grazie! Sei arrivato fin qui, e io ti sono grata per esserti dato la possibilità di scoprire un nuovo modo di guadagnare e anche di avvicinarti a una filosofia di vita.

Ringrazio Alfio Bardolla e l'Ad di Abtg, la dolce e forte Federica per avermi dato un'ulteriore possibilità per mettermi in gioco, supportandomi e stimolandomi in questa nuova e coinvolgente avventura.

Sono grata alla grande famiglia di Abtg, qui c'è qualcosa di ognuno di loro, perché ovunque si è stati e si è vissuti, si lascia un pochino di se stessi.

Ti lascio con una frase di Alfio che amo moltissimo: "Quando uno è grato è sempre ricco abbastanza".

Ti auguro di svegliarti ogni mattina con la gratitudine nel cuore così da essere sempre ricco abbastanza.

Brindo alla tua libertà finanziaria.

Qui puoi trovare risorse da mettere nella tua "cassetta degli attrezzi":

- https://bit.ly/2Atsfn2
- https://bit.ly/2XUHxKn
- https://bit.ly/2MTmSjG
- https://bit.ly/2Attnai
- https://bit.ly/2MQxqAb

www.ingramcontent.com/pod-product-compliance
Lightning Source LLC
LaVergne TN
LVHW020342200726
843507LV00012B/2465